Wohnmobil

Ein Fröhliches Wörterbuch
für Wohnmobilisten, Motorhomer, Caravanisten
und alle Urlaubsreifen, die gerne
unabhängig auf große Tour gehen

Von B. Pfendtner und V. K. Thomalla
mit Zeichnungen von E. Liebermann

TOMUS

ISBN 3-8231-0095-5

4. überarbeitete Auflage

ICH MACH' GLEICH DEN GRILL AN, ABER VORHER WILL ICH UNS NOCH'N SCHÖNEN CAMPINGURLAUB AUS DEM NETZ RUNTERLADEN ...
VIRTUELLES CAMPEN
NORDSEE
BAYERN
SAHARA
ALASKA
HESSEN
SUMMER LAND

Ablasten

Nicht etwa der Vorschlag eines Caravan-Herren an seine Frau, sie bei der Küchenarbeit etwas zu entlasten. Damit ist die behördliche Herabsetzung des zulässigen Gesamtgewichts (siehe dort) des Wohnwagengespanns gemeint. Praktiker wissen: Durch einen Stempel im Kraftfahrzeugbrief wird die Achse nicht plötzlich weniger stabil. Deshalb beladen sie ihr fahrbares Heim weiter so, als ob es die Ablastung nie gegeben hätte. Das führt gelegentlich zu einer Belastung des Urlaubskontos (siehe „Übergewicht“).

Abrechnungs-Computer

Elektronischer Helfer des Campingplatz-Besitzers, der auf telefonische Anfrage blitzschnell zeigt, ob das geliebte Plätzchen auf dem Stamm-Campingplatz in der gewünschten Zeit noch zu haben ist. Die Maschine hat aber auch ihre Nachteile: Sie vergisst keine gebührenpflichtige Dienstleistung.

Achslast

Die Achslast ist die Last, unter der die Achse ächzt.

ADAC

Böse Menschen sagen, die Abkürzung ADAC heiße „Autofahrer-dürfen-alles-Club“.

Adapter

Gehört zur Grundausrüstung eines jeden internationalen Caravanisten oder Wohnmobilisten. Wenn das Wetter am Zielort schlechter als erwartet ist, bewegt man sich dank seiner Mobilität weiter – und benötigt dort mit 100-prozentiger Sicherheit wieder einen neuen Adapter.

Alkoven

Das Oberstübchen eines Wohnmobils – das Fahrzeug bekommt durch das Alkoven-Dach

Achslast

Aufstellstangen

eine Art Denkerstirn. Das Innere des Alkoven-Dachs ist als Schlafplatz konzipiert. Weil es dort aber immer zu eng zugeht, liegen im Oberstübchen des Caravans meist Taschen und Gerümpel. Wird der Caravan auch von Kindern bewohnt, dann hat der Alkoven eine andere Funktion: Er dient als Burg, in die kein Erwachsener Zutritt hat.

Anfahrbleche

Fördern die Blechindustrie und das Ansehen des Campers als gerissener Wüstenfuchs, wenn die Bleche gut sichtbar am Fahrzeug angebracht sind. Praktisch sind sie sinnlos: Anstatt den Wagen aus dem Treibsand und vom Blech weg zu bewegen, bewegen sich die Bleche selbst und vom Fahrzeug weg.

Arbeitszeit

Unterbrechung der Freizeit und dient der Finanzierung der Freizeit.

Aufstellstangen

Kleine, unscheinbare und fast unwichtige Ausrüstungsstücke, deren Fehlen immer erst kurz hinter Istanbul bemerkt wird. Anstelle der sündhaft teuren Aufstellstangen der Firma XY tun es dann auch ein paar vertrocknete türkische oder griechische Olivenzweige.

Autoradio

Gerät, das in jedem Fall zu schadenfreudigem Kichern Anlass gibt: Für den Urlauber, wenn sich auf der A8 die Autos stauen, während er sich in Italien die Sonne auf den Bauch scheinen lässt. Aber auch für die Zurückgebliebenen, wenn sie übers Radio erfahren, dass in Italien die Bäcker und Metzger streiken, es in der Türkei keinen Sprit gibt und außerdem ein Tief in der Biskaya im Süden für Dauerregen sorgt, während ein Hoch über Island für herrliches Wetter hierzulande verantwortlich ist.

Bär

Gast auf einsamen Campingplätzen in Nordamerika, Kanada, Schweden, Finnland und Norwegen. Wenn die drolligen Tiere ihren Wald verlassen und sich zu den Campern gesellen, dann beeilen sich alle, dem Vater Bär und seiner putzigen Familie einen Platz am Frühstückstisch freizumachen. Man zieht sich schleunigst zurück, um im hastig verschlossenen Wohnmobil zu warten, bis die liebenswerten Gäste zu Ende gespeist haben.

Betreten verboten

Das Schild „Betreten verboten“ zählt zu der am häufigsten auftretenden Spezies im deutschen Schilderwald. Trotz mancher hartnäckiger Ausrottungsversuche seitens betrunkener Autofahrer und randalierender Hooligans widerstand diese Schilderart sämtlichen Attacken. Motorhome-Fahrer interessiert das Schild weniger. Wenn sich eine hervorragend gelegene Rasenfläche zum Übernachten anbietet, wird dort draufgefahren, denn „befahren“ ist ja nicht „betreten“.

Bremse

Wohnwagen haben eine Auflaufbremse. Das ist eine Automatik im Backofen, die verhindert, dass die Bewohner zu oft hintereinander Auflauf zugemutet bekommen.

Brenner

Hochalpiner Treffpunkt der Caravanisten und Wohnmobilisten aus Skandinavien, Holland, Belgien und Deutschland. Aus bisher ungeklärter Ursache strömen sie zu diesem Teil der Alpen und verharren dort stundenlang und beinahe regungslos in ihren Fahrzeugen, bevor sie sich ins Mittelmeer stürzen. Verhaltensforscher glauben in diesem Verhalten die wahren Vorfahren des Menschen zu erkennen: die Lemminge (lat. lemmini).

Brücke

Schicksalsstation mancher Caravans und Reisemobile. Schon das erste Reisemobil, eine

Betreten verboten

Tin-Lizzi, wurde von seinem Besitzer zuerst unbeabsichtigterweise gegen eine zu niedrige Brücke gesteuert und dann absichtlich auf den Schrottplatz gelenkt.

Bulli

Wachhund aus Wolfsburg, Geburtsjahr 1951. Die Rasse soll von einem Käfer abstammen, so wird es jedenfalls in Wolfsburg behauptet. Tatsache ist: Für einen Bulli verlangt das Finanzamt keine Hundesteuer.

Bundeswehr

Größter deutscher Camping- und Caravanklub, dessen Mitglieder allerdings wegen des fehlenden Service und des schlechten Komforts (siehe dort) schnell wieder ausscheiden. Der für diesen Campingklub zuständige Minister will dieser Entwicklung durch die weitere Einführung geländegängiger Wohnmobile und Wohnwagen Einhalt gebieten.

Camping

Camping ist „das burschikose Lagern in freier Natur“, so eine Schrift aus der Zeit um die Jahrhundertwende; „ein Emaillekessel steht um ein Holzfeuerchen für Tee, den die feine Lady selbst zubereitet, weil das Dienstpersonal zu Hause geblieben ist.“ Das waren noch Zeiten!

Caravan

Mobile Behausung, die den Menschen seit Diogenes (siehe dort) bis heute durch die Geschichte begleitet. War der Caravan früher eher klein in den Ausmaßen und rustikal eingerichtet, so gibt es heute Caravans, die keine Wünsche mehr offen lassen. So soll das Spitzenmodell einer bekannten amerikanischen Herstellerfirma neuerdings mit einem Mini-Motorrad ausgestattet worden sein, weil der Weg von der Küche zum Schlafzimmer zu weit ist, um zu Fuß gehen zu können.

Caravan

JA JA, ICH SAG AUCH IMMER:
NUR DAS NÖTIGSTE
!!!
19
PLATZ 24
BLUBBER
ZISCH
2000

Dauercamper

Checkliste

Wie Piloten, so lesen auch geübte Camper ihre Checkliste vor dem Start laut vor. Beim Flugzeug steht da zum Beispiel: Kabine geschlossen, Trimmung auf null, Lenkung frei beweglich, Klappen gesetzt. Beim Camper liest sich die Checkliste so: Turmluke geschlossen, Kühlschrank auf Bordnetz umgestellt, Stromkabel abgezogen, Klappspaten eingeklappt und verstaut, alle Kinder an Bord und, ganz wichtig: keine fremden Kinder dabei?

Chemietoilette

Siehe Hygiene.

Cw-Wert

Was ist das?

Dauercamper

Immobile Mobilheimbesitzer, die nach unbestätigten Gerüchten in der nächsten Legislaturperiode das Kommunalwahlrecht in der Gemeinde erhalten sollen, in der sie ihren Wohnwagen stehen haben.
Man erkennt sie auf dem Campingplatz an den kleinen Zäunen um ihre Wohnwagen. Auf dem Caravan sind immer noch die Originalreifen, und man bereitet für das nächste Jahr das 20. Jubiläum auf dem Campingplatz vor.

Deichsel

Stolperstange für ungebetene Besucher, die sich nachts um den Wohnwagen schleichen. Diese sollen ihre Beine an der Deichsel verheddern und möglichst in einen der umstehenden Eimer mit Abfall plumpsen (um die Deichsel herum stehen – keiner weiß, warum – immer Eimer und Kisten). Damit der Dieb, wenn er sich wieder aufgerappelt hat, nicht aus Rache die Deichsel klaut, ist sie am Wohnwagen angeschweißt.

Deichsel-Laufrad

Rad, das aufgrund einer Werbekampagne an die Deichsel gekommen ist: Der Camper-Hersteller Bo-Ingineering (abgekürzt Bo-Ing, mittlerweile nicht mehr existent, auch nicht verschwägert mit den Flugzeugbauern Boing in Seattle, USA), wollte seinen Wohnwagen ein besonders schnittiges Aussehen verpassen – es sollte an ein Flugzeug erinnern. Also passte er das Wohnwagen-Fahrwerk dem Fahrwerk eines Flugzeugs an, und das hat nun mal ein Bugrad. So entstand – natürlich in den USA – das Deichsel-Laufrad. Bei den (angedeuteten) Tragflächen musste Bo-Ing allerdings passen, weil der Kasten erstene zu breit geworden wäre und zweitens bei 120 Meilen pro Stunde abgehoben hätte.

Déjeuner

Frühstück eines Menschen, der mit dem Wohnmobil in Paris war und sich das französische Wort für Frühstück von einer Speisekarte abgeschrieben hat.

Diogenes von Sinope

(Geburtsdatum unbekannt, † 323 v. Chr.) Griechischer Philosoph und der Welt erster ziviler Wohnmobilist. Er lebte sehr naturnah und übernachtete zeitweise in einem recht hölzernen Wohnmobil rustikalster Ausführung. Die Antriebseinheit seines Wohnmobils war noch nicht so ausgereift, er musste seine Tonne von einem Ort zum anderen rollen. Sein Spitzname lautete: Diogenes in der Tonne. Der Legende nach soll Diogenes bei dem Versuch, aus seiner Tonne einen Kabinenkreuzer zu machen, ertrunken sein.

Dosen

Hermetisch geschlossene Blechgefäße zum Transportieren gekochter Mahlzeiten. Ohne Dosenöffner bleiben die Dosen auch hermetisch verschlossen.

Dusche

Auch in Duschen gibt es Gesetze: Der Wagen steht immer so, dass das Wasser in der

Diogenes von Sinope

Duschwanne überall hinfließt – nur nicht in den Abfluss. Erprobte Camper setzen den Wagenheber an und lupfen ihr Gefährt so, dass das Wasser doch noch das dafür vorgesehene Loch nach draußen findet. Dafür streikt dann der Kühlschrank (siehe Wasserwaage), was bei manchem Hausherrn zum Hitzkopf führt (siehe auch fußkalt).

Ecken und Kanten

Nach vier Wochen stößt man sich an keinen Ecken und Kanten seines Campers mehr – man hat es bereits zur Genüge getan, im Durchschnitt an jedem Tag dreimal an verschiedenen Kanten. Camping-Psychologen sprechen von „Kennen lernen durch Versuch und Irrtum".

Einwinker

Meist rüstiger Rentner, der im Auftrag der Platzleitung neu hinzugekommene Gäste, die ihren Wohnwagen noch rangieren, mit gymnastischen Übungen der Arme, der Hände und der Stimme erfreuen soll. Eine Probe der Stimmübungen: „Stooopp, stooopp, stooopp, ja, noch ein bisschen weiter, haaalt, weiter liiinks, und jetzt rückwärts, aber etwas vorwärts dabei ..."

Entsorgungsstation

Toilette für Porta-Pottis (siehe dort). Vornehm werden Entsorgungsstationen auch „Sani-Service-Stationen" genannt. Wer hier allerdings auf einen Sanitäter wartet, kann warten, bis er stinkt.

Espagnoletten-Verschluss

Neudeutsch für den Schließmechanismus an der Toilettentür. Nicht, dass Camper ihre Toiletten jetzt Espagnoletten nennen und sich damit fein vorkommen – der Espagnoletten-Verschluss ist ein krallenartiger Schließmechanismus, der die Toilettentür auch während rumpeliger Fahrt über eine Schlagloch-Straße garantiert geschlossen hält.

HAST DU EIGENTLICH DEN ABFLUSS REPARIERT?

Ecken und Kanten

Fahrersitz

Aufschrift auf einem Schild, das in keinem Wohnmobil fehlen darf. Es klärt Kompetenzen und Machtverhältnisse eindeutig. Streitgespräche wie: „Karl-Heinz, fahr nicht so schnell!“ oder „Marie-Luise, die Ampel war rot!“ lassen sich mit dem Fahrersitz-Schild gut vermeiden.

Fahrzeugwaage

Fast alle Camper fürchten die Fahrzeugwaage mehr, als die Erbauer des Schiefen Turms von Pisa die Wasserwaage gefürchtet haben müssen. Warum? Weil sie schon frühzeitig den Begriff „Zulässiges Gesamtgewicht“ (siehe dort) aus ihrem Sprachschatz getilgt und gegen „Unzulässiges Übergewicht“ ersetzt haben, was sie allerdings nie aussprechen. Die Fahrzeugwaage, zu der man fast immer von der Polizei hingelotst wird, hat eine Plattform, welche unbarmherzig die gewichtige Wahrheit ans Tageslicht bringt (siehe auch „Übergewicht“).

Faltcaravan

Wie der Klappwohnwagen (siehe dort) kann auch diese Art von Behausung zu Sorgenfalten führen. Während es beim Klappwohnwagen manchmal nicht richtig klappt, ist die freie Entfaltung der Caravan-Persönlichkeit gelegentlich gestört. Es soll besonders in südlichen Ländern helfen, die Hände zu falten und ein Stoßgebet an Petrus zu senden, dass er bitteschön mit dem Platzregen noch eine Viertelstunde warten soll.

Ferien

Anstrengende Beschäftigung, die man erst zu genießen beginnt, wenn sie vorbei ist.

Fernseher

Ein im Wert nicht zu unterschätzendes Gerät aus der Unterhaltungselektronik. Wie sonst

Festtank

sollte man längere Törns auf dem langweiligen Boot oder längere Campingplatzaufenthalte (siehe „Dauercamper“, „Wintercamping“) überstehen?

Festtank

Der Name dieses Tanks hat nichts mit dem Feiern von Festen zu tun. Festtank heißt lediglich, dass der Tank selbst fest und auch nach einer längeren Rüttelfahrt fest vorhanden sein sollte, was im Falle eines Abwassertanks – von dem ist hier die Rede – zuverlässig garantiert sein muss. Das schließt aber nicht aus, dass man ihn nach dem übermäßigen Feiern von Festen verstärkt zu nutzen und zu schätzen beliebt.

Finanzen

Sich dauernd ändernde Größe, die über die Länge des Wohnmobils oder des Wohnanhängers sowie deren Ausstattung entscheidet. Oft werden die Finanzen beim Kauf des guten Stücks so überstrapaziert, dass danach kein Geld mehr für den geplanten Urlaub übrig bleibt.

Flaschenkasten

1. Ausrüstungsdetail eines Caravans, in dem normalerweise alles Trinkbare aufbewahrt wird. Gibt es neuerdings auch mit Kühleinrichtung. Es soll sogar Banausen geben, die im Flaschenkasten ihre Gasflaschen aufbewahren. Dabei weiß jeder, dass man selbst Flüssiggas nicht trinken kann.
2. Böses Wort für die Campingplatz-Kneipe, das Frauen höchst selten anwenden, wenn ihre Männer nachts um halb zwei immer noch Skat spielend in derselben hocken und einfach nicht loskommen.

Fliegen und Mücken

Die zahmen und Menschen liebenden Insekten fühlen sich in Wohnwagen und Reisemobilen besonders wohl. Der Grund: Dort haben sie hervorragende Versteck-

Fliegen und Mücken

möglichkeiten, wenn ihnen die wenigen bösen Menschen, die es unter den Campern gibt, mit der Fliegenklatsche ans Leben wollen (siehe „Insekten“).

Fotoapparat / Videokamera

Beweissicherungsmittel dafür, dass man auch wirklich überall dort gewesen ist, wo man angibt, gewesen zu sein. Der ideale Fotoapparat für Camper ist regen-, diebstahl- und kindersicher. Zur Zeit befindet sich bei einem namhaften japanischen Hersteller ein Gerät in der Entwicklung, das je nach Bedarf sämtliche europäischen oder außereuropäischen Sehenswürdigkeiten automatisch mit ins Bild blendet. So muss man nicht mehr extra wegen der lästigen Urlaubsdias in die Toskana fahren. Das Modell „WS“ (Wassersport) spiegelt bei Bedarf die unterschiedlichsten Küstenlandschaften in den Hintergrund.

Freizeit

Es gibt zwei Arten, die so genannte Freizeit hinter sich zu bringen:
1. Man arbeitet für die eigene Tasche, was den Vorteil hat, dass man nebenbei ein bisschen Einkommen hat, das man aber nicht ausgeben kann, da man in der Freizeit ja arbeiten muss.
2. Man verbringt seine Freizeit auf dem Campingplatz. Diese Art der Freizeitbeschäftigung hat den Vorteil, dass man sich dabei in den meisten Fällen erholt. Nachteil: Das Geld, das man für derlei Vergnügen braucht, kann man nicht während der regulären Arbeitszeit verdienen, man muss also die Arbeitszeiten kürzen, damit man genug Freizeit hat, um sich die Freizeit auf dem Campingplatz finanzieren zu können.

Funk

Funk, vorwiegend CB-Funk, ist vordergründig dazu erfunden worden, um eine Verständigung zwischen den verschiedenen Campern zu ermöglichen. In Wahrheit soll damit dem Funker das Gefühl gegeben werden, irgend jemand höre ihm zu. Bei dem Wort „Glatteis“, über Funk ausgesprochen, hören ihm aber alle zu (siehe dort).

fußkalt

Damit bezeichnet der Fachmann – nein, nicht die Temperatur eines kalten Eimers Wasser, wie die Fachfrau wärmeres Wasser mit „handwarm“ bezeichnet –, der Fachmann meint mit fußkalt, der Fußboden seines rollenden Heimes sei nicht ausreichend isoliert und er bekomme deshalb kalte Füße. Die meisten Camper bekommen keine kalten Füße davon, nach der Rückkehr diesen Mangel bei ihrem Händler vorzubringen, bei dem sie das Mobilheim kurz vor dem Urlaub gekauft haben. Eher bekommen sie beim Gedanken an fußkalt einen Hitzkopf.

Gas-Strom-Umschalter

Kleines, unscheinbares Elektronikbauteil. Ist schlecht sichtbar außen an den meisten Kühlschränken in Wohnmobilen angebracht. Die falsche Schalterstellung des Gas-Strom-Umschalters wird häufig erst dann bemerkt, wenn der Quark auf eigenen Beinen den Kühlschrank (siehe dort) verlässt.

Gasanlage

1. Der TÜV versteht unter einer Gasanlage die Ansammlung von Rohren, Ventilen und Verzweigungen, die brennbares Gas von der Gasflasche zur Heizung oder zum Kocher leiten. Böse Menschen verstehen unter einer Gasanlage – wie wollen wir es ausdrücken –, also jene Individuen, die meist nachts weniger brennbares, relativ explosionssicheres, aber dennoch nicht gerade geruchsneutrales Gas produzieren, das am Morgen den oder die Partner/in zu einem missgünstigen Zischen, gelegentlich auch mal zur Explosion bringen kann.

2. Eines der wirklich wenigen Dinge, vor denen Camper Respekt haben. Hier hören sie sogar auf den Rat des TÜVs (siehe dort).

Gasanlage

Gastfreundschaft

Gasflasche

Mysteriöse Flasche bei Charter-Wohnmobilen, die sich immer genau dann entleert hat, wenn man gerade meilenweit von der nächsten Gasfüllstation entfernt war.

Gasleuchte

Bezeichnung für einen Mitcamper, der sich besonders gut in der Wartung von Gasanlagen auskennt. Wer sich nicht auskennt, darf aber nicht Gasflasche genannt werden. Das gibt Ärger; je nach Temperament des so Bezeichneten reicht die Reaktion vom leichten Zischeln (wie eine undichte Gasleitung) bis zur (gaslosen) Explosion. Das Reparieren der Gasanlage überlässt man besser der Werkstatt. Sonst kommt es vielleicht zum Wetterleuchten.

Gastfreundschaft

Gastfreundschaft ist die Kunst, unerwarteten Besuchern aus dem Wohnmobil nebenan das Gefühl zu vermitteln, als seien sie zu Hause –, während man insgeheim wünscht, sie wären es.

Geistergespann

Gespann, dem auf der Autobahn alle anderen Gespanne entgegenkommen. In diesem Falle sollte man kurz den Kompass befragen: Will man nach Süden, so muss er in etwa auf „S“ stehen. Tut er das, so sind alle anderen die Geisterfahrer und man selbst ist auf der richtigen Spur.

Geistesgegenwart

Wird von Wohnmobil und Gespannfahrern verlangt. Geistesgegenwart ist die Fähigkeit, gegen etwas Billigeres zu fahren, wenn man merkt, dass die Bremsen versagen.

Gespann

Geländewagen

Robuste Fahrzeuge mit weniger Komfort, dafür aber mit höherem Spritverbrauch als die sonst üblichen, und zum Ziehen von Wohnwagen geeignet. Als Entschädigung für den hohen Preis und den gewaltigen Spritverbrauch dürfen die Insassen der Nissans, Toyotas oder Jeeps höher als normale Pkw-Benutzer sitzen, und sie dürfen ihre teuren Autos zum Beeindrucken der Umstehenden gerne mal unwidersprochen als „Schlepper" bezeichnen (siehe auch „Zugwagen").

Gelb

Farbe, die Camper (besonders ihre Frauen) hassen. Nach langen Fahrten auf Schotterpisten überpudert sich das Innere des Fahrzeugs (Teppich, Tisch, Bänke und Betten) mit gelblich schimmerndem Wüstensand.

Geldbeutel

Jenes fast schon als Körperteil eines Caravanisten zu bezeichnende Utensil, an das alle heranwollen. Die Werkstätte, der TÜV, die Steuer, die Campingplatzbesitzer mit ihren Standgebühren und zu guter Letzt die eigene Ehefrau mit einem kleineren oder größeren Urlaubssouvenir.

Gespann

„Ihr seid schon ein tolles Gespann", bekommen Eheleute oft zu hören, wenn sie ihren Wohnwagen mit dem Auto verkuppelt haben; die beiden Fahrzeuge somit zum Gespann und sich dabei manchmal zum Gespött gemacht haben. Denn: Meist endet der Vorgang des Ankuppelns mit einem Streit. Der Begriff „Abspannen" – als Folge des Streites – wird in der Camperei seltener benutzt. Man steuert den Campingplatz eher zum Ausspannen an und gerät (als Mann) in Anspannung, wenn einer einem in der benachbarten Disco die Freundin ausspannt. Dann wird es spannend.

Glaswolle

Beliebter Isolierstoff von Wohnwagen und Reisemobilen. Er hält im Winter nicht nur die Kälte draußen, er hält auch die Insassen in Bewegung, was ihre Körperwärme fördert. Wir schlagen hier den Werbespruch vor: „Fit durch Glaswolle – sie ist beliebt, weil sie so schön piekt." (Falls der Spruch von der Glaswolle-Industrie genommen wird: Das Honorar bitte auf die Konten der Verfasser überweisen. Der Tomus Verlag weiß, wie das funktioniert.)

Glatteis

Glatteiswarnungen über CB-Funk, auch im Sommer, sollte man ernst nehmen und an der Stelle, für die die Glatteiswarnung gilt, seine Fahrgeschwindigkeit mit der vorgeschriebenen Höchstgeschwindigkeit in Einklang bringen. Obwohl dort meist kein Glatteis ist, trifft man doch immer wieder gleichartig kostümierte Männer, von denen einer eine rote Schaufel in der Hand hält. Mit dieser Schaufel winkt der Kostümierte den Autofahrern zu, die so zügig fahren, als sei an dieser Stelle gar kein Glatteis.

Grillen (biolog.)

Putzige Insekten, die besonders in lauen Sommernächten, also dann, wenn viele Wohnmobile und Caravans auf den Campingplätzen stehen, extrem kommunikativ sind. Bei gehäuftem Auftreten dieser Spezies spricht man von einer Grillenparty – die ähnlich wie eine von Menschen inszenierte Grillparty durchaus störend wirken kann.

Grillen (med.)

Ansteckende Krankheit, die durch Geruch übertragen wird und vor allem auf Campingplätzen zur Epidemie werden kann.

Die Betroffenen zeigen ein seltsames Verhalten: Sie beginnen Fleisch und Würstchen einzukaufen, ein Feuer (Holzkohle, Gas) zu entfachen, das Fleisch und die Würstchen über dem Feuer manchmal bis zur vollständigen Verkohlung zu verbrennen und es danach zu verspeisen. Durch den Geruch, den das erhitzte Fleisch verbreitet, werden Campingplatz-

SOLL ICH AUCH SCHON DEN GRILL ANZÜNDEN ?!
PLATZBLATT
HOLZKOHLE
ZÜND
DIESEL

Nachbarn animiert, sich ebenso zu verhalten. Bis heute streiten sich die Wissenschaftler darüber, ob „Grillen“ gefährlich ist. Beobachtungen in Mitteleuropa und Nordamerika zeigen, dass dieses Verhalten meist in Zufriedenheit endet; die Betroffenen sind nach dem „Grillen“ pappsatt, müde und friedlich.

Gurte

Im Wohnmobil dienen Gurte nicht ausschließlich der Verkehrssicherheit. Sie sind auch ein Mittel, die mitfahrenden, meist tobenden Kleinen zu beruhigen.
Frei nach dem Motto: „Guckt jetzt aus dem Fenster, seid still, oder ich binde euch wieder an den Kühlschrank!“

Hartschalenkoffer

Für einen Caravan völlig untaugliches Behältnis zum Transportieren von Wäsche und Kleidung. Warum, das erklärte eine erfahrene Caravanistin einmal so: „In die Dinger kann man doch nur so viel reinpacken, wie reinpasst.“

Hering

Ein Hering ist ein Holz- oder Leichtmetallpflock zum Befestigen von Spannleinen (siehe dort). Ihm ist meist das gleiche Schicksal beschieden wie den Aufstellstangen (siehe dort). Gerüchteweise soll ein Dampfer mit Heringen für den amerikanischen Campingzubehörmarkt in der Nordsee untergegangen sein. Seitdem soll es in diesem Gewässer Heringsfischerei geben.

Hirschgeweih

Anderes Wort für die Zusatz-Außenspiegel. Sie dienen dazu, den Camping-Platzhirsch (siehe „Einweiser“) auf die Hörner zu nehmen.

Hartschalenkoffer

Hygiene (auf Campingplätzen)

Hochdach

1. Blecherne oder aus Kunststoff gefertigte obere Abdeckung eines Wohnmobils, die man zum Zwecke des Schlafens hochklappt. Unzweckmäßigerweise benutzen Newcomer unter den Wohnmobilisten das Hochdach immer wieder als Dachgepäckträger. Dadurch erhöht sich der tägliche Kalorienbedarf beim Hochklappen des Daches proportional zu der auf dem Hochdach ruhenden Last.

2. Service der Motorcaravan-Hersteller an die campierende Frau: Dank des Hochdaches kann sie ungebeugt im Auto kochen oder spülen, während der Herr des Caravans die Matratzen testet oder Angeln geht.

Hund (großer)

Tier mit ausgeprägtem Geruchssinn, das an manchen Grenzen die Zöllner davon abhält, zu ausgiebig im Wageninnern herumzuschnüffeln (siehe auch „Tankkontrolle“). Außerdem immer noch die zuverlässigste und wirkungsvollste Alarmanlage für ein Wohnmobil.

Hygiene (auf Campingplätzen)

Was ist das?

Innenbeleuchtung

Testinstrument über den Zustand der Batterie. Wird die Innenbeleuchtung dunkler, sieht's mit Batterie und Stimmung duster aus. Einige Wohnmobil-Sondermodelle sind nur mit einer roten Innenbeleuchtung ausgerüstet. Dort gilt die obige Regel genau umgekehrt: Je dunkler die Innenbeleuchtung, desto heller die Stimmung. Diese Wohnmobile sind nicht auf Campingplätzen zu finden.

Innenleuchten (serienmäßig)

Lampen in Caravans und Wohnanhängern, deren Licht gerade erahnen lässt, wo der Lichtschalter sein könnte. In festen Häusern nennt man solche Funzeln Notleuchten.

Insekten

Kleine Tierchen, die schon manchem Camper den Spaß am Camping verdorben haben. Vor allem dann, wenn sie fliegen können.

Isolation

Schlechte Isolation schützt vor Wärme im Winter und vor Kälte im Sommer.
Der Fachmann sagt: „Gut isoliert, man weder schwitzt noch friert.“

Jungfernfahrt

1. Gruppenreise eines Damenklübchens mit ungewissem Ausgang.
2. Erste Fahrt mit dem neu erstandenen Wohnmobil oder Caravan, häufig mit ebenso ungewissem Ausgang.

Kältebrücke

Brücke über die Kält bei Wintersberg. Bei Wintercampern ist die Kältebrücke nicht sehr beliebt.

Kajak

(Siehe auch „Surfbrett“) Signalisiert zusätzlich den Abenteuergeist der Wohnmobilisten.

Kaminverlängerung

Wintercamper behaupten, eine Kaminverlängerung verhindere, dass der normale Kamin zuschneie und verstopft werde. Das stimmt nicht. Die Kaminverlängerung ist dazu da, nach starken Schneefällen oder Lawinen den Rettungsmannschaften zu zeigen, wo sie graben müssen. Nämlich überall dort, wo ein schwarzes Rohr aus der weißen Masse ragt.

FAHR DOCH! SO FAHR DOCH!!
VROMM VROMM VROOOO...
WIR HÄNGEN IRGENDWO FEST!!!

Karawane

Falls das nicht möglich ist, kann mithilfe dieses Rohres mit den eingeschneiten Campern Sprechkontakt aufgenommen werden. Notfalls ist es den Rettern möglich, über das Rohr die Eingeschneiten mit Nahrungsmitteln, Brennstoff und Medikamenten zu versorgen.

Karawane

Reisegruppe im Vorderen und Mittleren Orient. Hauptbeförderungsmittel ist dort das Kamel. In Mitteleuropa macht sich jeweils im Sommer eine ähnliche Reisegruppe auf den Weg, wobei die Reiserichtung in der Regel festgelegt ist. Im Frühsommer zieht die Karawane nach Süden, im Spätsommer wieder Richtung Norden. Das Hauptbeförderungsmittel ist hierbei das Auto, das Wohnmobil oder der Geländewagen mit angehängtem Bootstrailer. Kamele werden in dieser Karawane leider auch regelmäßig gesichtet (siehe „Caravan“).

Karawanenstraße

Mittelorientalische Schreibweise für das deutsche Wort Caravanstraße, womit so viel wie „Bundesautobahn (BAB)“ gemeint ist.

Klapper

Der Klapper heißt Klapper, weil man ihn zusammenklappen kann. Wortspiele mit „klappern“ oder „klappt nicht immer“ wollen wir uns an dieser Stelle verkneifen. Wir halten die Klappe.

Klappfahrrad

Fahrrad zum Zusammenklappen, bei dem das Auseinanderklappen gelegentlich nicht ganz problemlos klappt, wobei dann dem Auseinanderklappenden die Klappe runtergeht. Lösung: Zu Fuß laufen.

Klappspaten

Im Gegensatz zum Klappwohnwagen, Klappfahrrad und Klappstuhl (siehe dort) klappt es hier meist mit dem Aufklappen. Das Prinzip des Klappspatens ist ja nun nicht so kompliziert und dürfte auch von jemandem verstanden werden, der (oder die?) einen Intelligenzquotienten von knapp 26 hat. Aber zur Sache: Beim Übernachten in freier Wildbahn ist der Klappspaten ein unentbehrliches Werkzeug zum allmorgendlichen Ausheben der Familiengrube. Wechselnde Parole des Tages: „Das Familienloch ist hinter dem dritten Busch links."

Klappstuhl

(Siehe „Klappfahrrad") Wenn es auch hier mit dem Klappen nicht klappt, klappt so mancher zusammen. Der Wunsch an den Partner „halt die Klappe!" ist beim Aufbau eines Klappstuhles oder Klappfahrrades im Gegensatz zu sonst nicht böse gemeint.

Klappwohnwagen

Auch das gibt es. Wenn es hier beim Aufklappen klemmt, dann klappt zunächst gar nichts mehr. Sollte die Partnerin auf die sonst große Klappe des Campers anspielen, dann tut dieser gut daran, sich zu überlegen, ob er sie nicht mal ganz fein zum Essen einladen sollte.

Kochsalz

Wird nur in kleinen Mengen zum Kochen verwendet. In größeren Mengen landet im Winter Kochsalz im Abwasserbehälter, damit die Brühe nicht einfriert. Das bringt manchen Umweltschützer zum Kochen.

Komfort

Eigenschaft, die die meisten Caravans vermissen lassen. Einige weisen aber diese Eigenschaft auf, doch kann sie dort nicht unmittelbar genutzt werden, da der Gedanke an die Bezahlung dieses Komforts die Eigner oder Besitzer eh nicht mehr ruhig schlafen lässt.

Klappwohnwagen

Komfort

ACH SCHATZ, BESSER HABEN WIR'S ZUHAUSE AUCH NICHT, ODER ?!
JA SCHATZ!
2000

Kondenswasser

Im Gegensatz zu Kondensmilch unbeliebt.

Kopf-Freiheit

Nur Nichtcamper verstehen darunter die Freiheit der Gedanken über alle nationalen Grenzen hinweg (Pressefreiheit, Liberalität und Toleranz). Camper sehen das anders, eher mathematisch: Je größer die Kopf-Freiheit, die der Caravan bietet, desto weniger Karambolagen müssen die Bewohner des Mobilheimes aushalten.

Kraftfahrt-Bundesamt

Böse Zungen behaupten, das Kraftfahrt-Bundesamt in Flensburg sei das größte unbeleuchtete Verkehrshindernis in der Bundesrepublik Deutschland. Das ist nicht wahr. Das Kraftfahrt-Bundesamt ist mittlerweile beleuchtet.

Kühlschrank

Fest eingebauter Behälter in rollenden Wohnungen zum Aufbewahren verderblicher Lebensmittel. Nach längerer Fahrt zeigt sich der Kühlschrank äußerst freigiebig: Öffnet man ihn, dann kommen dem Camper Butter, Salami, Lyoner und Bierschinken, das halb volle Glas Gurken, Edamer und Appenzeller stürmisch entgegen und klatschen und klirren auf den Wohnwagenboden.

Kurbelstützen

Herausdrehbare Ständer, die beim abgestellten Wohnwagen in der Regel nachts ein Aufschaukeln verhindern und im Normalfall die Reifen schonen. Dauercamper erkennt man daran, dass bei ihren Wohnwagen die Kurbelstützen im ausgefahrenen Zustand eingerostet sind.

Kurbelstützen

Landkarte
Stück Papier, das dem Fahrer hilft, sich gründlicher zu verirren als ohne.

Lastverteilung
Damit ist nicht etwa die gerechte Verteilung der Hausarbeit gemeint, nein, etwas viel Wichtigeres: Vor der Fahrt muss der Cheffahrer das Gepäck so verstauen, dass Vorder- und Hinterachse des Fahrzeuges etwa gleich belastet werden.

Lastwagen-Fahrgestell
Unterbau mancher Wohnmobile, der dank seiner robusten Federung einen unschätzbaren Vorteil hat: Er informiert seine Mitfahrer offen und ehrlich über die Beschaffenheit der Fahrbahn.

Liegefläche
Faustregel für das Errechnen der Liegefläche eines neuen Wohnmobils oder Caravans: Länge mal Breite des Mannes plus Länge mal Breite der Frau, geteilt durch das Gewicht des Mannes, geteilt durch die Höhe des zur Verfügung stehenden Geldbetrags in Tausend (bei Wohnmobilen: plus 30 Prozent), mal der Anzahl der Jahre, welche die beiden schon zusammen dieselbe Liegeunterlage nutzen. Faustregel für Rechenfaule: Je kürzer das Glück, desto kleiner darf die Liegefläche insgesamt ausfallen.

Loten
Caravanisten und andere Campingfans meinen damit das vorsichtige Annähern an den Wohnwagen oder an das Wohnmobil bei der späten Rückkehr von einem Kneipenbummel, den sie ohne den Ehepartner unternommen haben. Ähnlich wie Wassersportler können auch die Campingfreunde unter Umständen bei unvorsichtigem Ausloten auflaufen ...

Lücke

Lücke
Oft gesucht und nie gefunden.

Messe
Auf Campingmessen werden Träume gemacht. Leider lassen sich auch mit „Messepreisen“ ausgezeichnete Caravans oder Wohnmobile in den seltensten Fällen mit der langfristigen Finanzplanung der Besucher in Einklang bringen.

Meteorologie
Auf Deutsch: Wetterkunde. Die Meteorologie ist jene an Magie grenzende Wissenschaft, die es immer wieder schafft, das Wetter vorherzusagen, das nicht eintrifft. Behauptungen, die Meteorologen hätten seit Jahrzehnten keine Fortschritte gemacht, stimmen nicht. Die Meteorologen sind heute in der Lage, exakt zu erklären, warum das Wetter, das sie vorhergesagt haben, nicht eingetroffen ist.

Meublement
Wer das Wort benutzt, gilt als Insider der Campingbranche. Manche Menschen sagen auch einfach Möbel.

Mietwohnwagen
Segenswerte Einrichtung für Amateur-Wohnmobilisten, die sich kein fahrbares Zuhause für das ganze Jahr anschaffen wollen. Allerdings sind sie mit den Tücken der Fahrzeuge nicht vertraut und finden nicht alle Türen jener Schränke wieder, in denen sie Klamotten verpackt haben. Dass sie trotzdem mit der gleichen Menge Wäsche wieder nach Hause fahren können, liegt daran, dass sie die Schranktüren entdeckt haben, die ihr Vormieter vergeblich gesucht hat.

Mittags-Ruhepause

Festgelegte Zeit, während der der Campingplatz täglich hermetisch abgeriegelt ist.

Motorhome

Meist unbeheiztes Nebenzimmer einer Autowerkstatt, in dem Ersatzmotoren lagern. Aber auch: englische Bezeichnung für Motorraum.

Nachbarn

Menschenschlag, der schwer zu beurteilen ist. Manche Camper lieben Nachbarn und übernachten bevorzugt auf Campingplätzen, andere verabscheuen sie und ziehen es vor, ihren Wagen in Zentral-Anatolien oder in der Wüste von Nevada aufzustellen. Aber auch dort gibt es Nachbarn: Sie haben manchmal sechs Beine und Fühler, oder sie haben vier Beine und ein hungriges Maul. Manchmal haben sie aber auch gar keine Beine und äußern sich durch Zischeln oder Klappern.

Nachwuchs

Nicht selten wird im Wohnwagen oder Reisemobil die Bestellung (Lieferzeit: neun Monate) zu späterem gemeinsamen und zweibeinigen Glück abgegeben. Wer nicht versteht, um was es hier geht, sehe bitte unter Liegefläche nach. (Deutlicher dürfen wir im Rahmen dieses Buches leider nicht werden.) Wer aber nicht weiß, wie die Bestellung angefertigt wird, informiere sich in diesem Buch unter Trommelbremse über die Folgen. (Oder lieber nicht.)

Navigation

Ist jene Kunst, sich mitten in einem fremden Land ohne Sprachkenntnisse und mit einem völlig veralteten Shell-Atlas den Weg zu einem Übernachtungsplatz zu suchen, dessen Adresse man am Telefon nicht verstanden hat und der meist auf der Seite des Atlasses verzeichnet ist, die die Kinder als Malbuchseite missbraucht haben.

Nachwuchs

Netzkabel

Verbindung des geparkten Motorcaravans mit dem örtlichen Elektrizitätswerk. Leider nimmt die elektrische Energie den Umweg über einen Stromzähler. Das Netzkabel verabschiedet sich in der Regel von dem Camper mit einem patschenden Knall, denn es wird am Ende des Aufenthalts auf dem Campingplatz oft in die Länge gezogen, bis es reißt. Der Grund: In der Aufbruchstimmung vergisst der Camper gerne, vor der Abfahrt den Stecker aus dem Wohnmobil zu ziehen.

Niveauregulierung

Von einer Niveauregulierung spricht man nicht etwa dann, wenn das Auto quasi über eine selbstständig denkende Hinterachse verfügt, die beim (Über-)Laden das Hinterteil des Zugfahrzeugs schön hochdrückt, damit die Polizei auch sicher nichts sieht – nein, von einer Niveauregulierung spricht die eigene Gattin dann, wenn sich die neue Freundin des unbeliebten Nachbarn vor dem Spiegel ausgehfertig macht.

Offiziersmesser, Schweizer

Unentbehrliches Werkzeug für alle, die sich mehr oder weniger von dem zivilisierten Teil der Erde entfernt haben. Also unentbehrlich für Camper, Wohnmobilisten und Caravanisten. Hat man zum Beispiel den Büchsenöffner vergessen, hilft das Messer aus. Der Zahnstocher kann zum Beispiel nebenbei noch als Fuß- und Fingernagel-Reiniger und der Korkenzieher als Ersatz-Nasenbohrer verwendet werden.

Orientierung

Das, was ein Camper nie verlieren sollte. Und wenn, dann bitte nur auf dem Weg heim von der Campingplatz-Kneipe (siehe auch „Rausch“).

Netzkabel

Pantry

Eleganteres Wort für Küche. Wurde geprägt, damit die Herrin des Hauses während des Campingurlaubes nicht allzu sehr an die heimische Küche erinnert wird. Klingt auch welterfahrener.

Pick-up

1. Begriff aus der Wohnmobilszene, mit dem anhängliche oder aufsässige Anhalter beschrieben werden.
2. Ein Wohnmobil ohne Fahrgestell. Zusammen mit einem Lastwagen ergibt das ein Reisemobil. Die Pick-up-Technik ist interessant für Fuhrunternehmer, die sich auch im Urlaub nicht von ihrem Laster trennen können.

Piraten

Menschenschlag, der sich als Freibeuter auf den Meeren des Mittelalters und der beginnenden Renaissance herumtrieb und harmlose Handelsschiffe aufbrachte, plünderte und versenkte. Wie so vieles wurden auch die Piraten zivilisiert und treiben jetzt ihr Unwesen legal. Sie arbeiten in unserer Zeit auf den Camping- und Übernachtungsplätzen am Mittelmeer (sie brauchen aus Tradition das Wasser) und kassieren überhöhte Übernachtungsgebühren, Standplatzgebühren, Stromgebühren, Toilettengebühren, Rasenabnutzungsgebühren, Gebührenerhebungsgebühren ...

Plastiktüten

In Ermangelung geeigneter Müllgefäße immer wieder als Notnagel für die Entsorgung von Küchenabfällen herhaltendes Behältnis.

Platzwart

Wart am Campingplatz, der durch seine Warterei auf Verstöße gegen die Platzordnung manche Platzbenutzer gelegentlich vor Wut zum Platzen bringt.

PREISLISTE
PLATZ
ORDNUNG
© M. HÜTER 2000

Polizisten

Angestellte des Staates im jeweiligen Land, die oft durch ihre eigenartigen Uniformen belustigen, deren Krönung häufig eine völlig unpassende, meist deckelartige Kopfbedeckung ist. Werden in vielen Ländern als kostenloser Weck-Service für Wohnmobilisten eingesetzt (siehe auch „Weckdienst").

Porta Potti

Verschämte Umschreibung für die transportable Chemietoilette, die im Grunde genommen nichts anderes als ein Eimer mit doppeltem Boden ist. Der ehemalige Bürgermeister der deutschen Stadt Porta Westfalica, Peter P. Pottheimer, hat gegen den Gebrauch dieser Bezeichnung vergebens protestiert.

Ratenzahlung

Unbeliebtes Verfahren, die Monate zu verkürzen und die Jahre zu verlängern.

Ratsch-Bumm-Effekt

Effekt, der VW-Bus-Fahrer und -Camper von anderen Wohnmobilisten unterscheidet. Ertönt morgens ein lautes „Ratsch" auf dem Campingplatz, weiß jeder: Familie Maier hat bei ihrem Bus die große Seitentür geöffnet. Beim „Bumm" ist die Tür wieder zu. Aus unverständlichen Gründen sind sowohl schwer schließende VW-Bus-Türen wie auch besonders früh aufstehende VW-Bus-Camper auf vielen Campingplätzen unbeliebt.

Rausch

Der Zustand, in dem ein Mann polternd aus der Kneipe torkelt, lallend den Eingang zum Camper/Wohnmobil ertastet, schließlich versucht, die Behausung durch den kleinen Eingang des Flaschenkastens zu entern, über die enge Tür flucht, wieder herausklettert

Porta Potti

und endlich, nachdem er auf für ihn nicht mehr nachvollziehbarem Weg den Eingang zum Vorzelt gefunden hat, die Hose unbedingt über den Kopf ausziehen will. Am nächsten Morgen kann er Gott oder seiner Frau (der Unterschied ist in diesem Fall nicht mehr so groß) danken, dass er diese Schau nicht in einem fremden Vorzelt abgezogen hat.

Reisender

Ein Mensch, der sein Leben in vollen Zügen genießt. Ein Camper ist dagegen ein Mensch, der sein Leben auf leeren Straßen und mäßig belegten Campingplätzen genießt.

Rennfahrer

Sind auch auf deutschen Autobahnen anzutreffen, können aber die reisenden statt rasenden Camper nicht beeindrucken. Rennfahrer sind Piloten, die zu tief fliegen. Autobahn-Rennfahrer sind Autofahrer, die gerne Piloten sein möchten, dafür aber zu oft im Graben landen.

Reservekanister

Behältnis, das bei Wohnmobilisten zur allgemeinen Fitness beiträgt und in abgelegenen Gegenden besonders die Bildung der Oberarmmuskulatur unterstützt, da es unsinnigerweise häufig über Kilometer spazieren getragen wird.

Rheuma-Wiese

Absolut veralteter Begriff für Campingplatz. Rheuma holt sich heutzutage kein Caravanist mehr auf dem Campingplatz. Die Klimaanlage sorgt für immer gleichbleibend trockene Luft im Caravan und Wohnmobil und für einen schönen Sommerschnupfen bei den Besitzern. Deshalb kommt der Begriff Schnupfen-Feld immer mehr in Mode.

Sandbank

Bei Wohnmobilbesitzern zwiespältige Gefühle hervorrufendes Stück Land, das man

Rennfahrer

VROOAARR
VROOOM
VROOROOOO
VR...
VROAM
VROOAARRRR...
VROOAARR
TIP
TIP
TIP
RÖHRRR...
RÖOO
VROOO
VROOO...
VROOO
M-HÜTER 2000

Sandbank

besonders an der deutschen Nordseeküste vorfindet. Camper, die erst nach Einbruch der Dunkelheit und nach Schließen der Campingplatztore in ihrem Zielort ankommen, begrüßen Sandbänke zumeist als romantische Inseln im Wattenmeer, auf denen man herrlich und ungestört übernachten kann. Spätestens bei Auflaufen der nächsten Flut, wenn anstelle des Wachhundes ein Seehund zum Fenster hereinguckt, ändern sie schleunigst ihre Meinung.

Sandwichboden

Im Caravanbau verwendeter Ausdruck für einen Boden, der aus verschiedenen Materialien hergestellt ist. Hat seinen Namen von der recht unappetitlichen Sitte der Caravanbauer, ihr Frühstücksbrot halb aufgegessen auf den Boden zu werfen und anschließend darauf zu warten, dass es irgendein Azubi wegräumt. Irgendwann sammelten sich so viele Brote an, dass sie eine feste Schicht bildeten. Und zwar so fest wie kein anderes bisher bekanntes Material. Da Frühstücksbrotboden sich schlecht verkaufen lässt, wurde der neue Boden ganz einfach und werbewirksam Sandwichboden genannt.

Schaulustige

1. Man trifft sie in Staus auf Bundesautobahnen, die an Unfällen vorbeiführen. Manchmal nennt man sie auch Staulustige.
2. Camper, die an ihrem Urlaubsort zu nichts anderem Lust verspüren, als auf ihren Stühlchen vor dem Wohnmobil oder Caravan zu sitzen und zu schauen.

Scheibenbremse

Ähnliche wie die Auflaufbremse (siehe „Bremse“) ist die Scheibenbremse eine praktische Automatik an der Wurst- und Brotschneidemaschine, die verhindert, dass Camper im Urlaub zu viel zunehmen. Einmal eingestellt, gibt die Maschine nur eine festgelegte Menge ab. Gewartet und neu eingestellt wird die Scheibenbremse übrigens an Neujahr, wenn man sich mal wieder im Rahmen der guten Vorsätze geschworen hat, im neuen Jahr etwas abzuspecken.

Scheibenwischer

Vom Hersteller ausnahmsweise ohne Aufpreis mitgelieferte Strafzettel-Haltevorrichtung am Zugfahrzeug oder am Wohnmobil.

Schiebetür

Die Schiebetür ist das Autoteil bei einem VW-Bus, das ursächlich für den Ratsch-Bumm-Effekt (siehe dort) verantwortlich ist. Bei anderen zum Wohnmobil umgebauten Kastenwagen gibt es eine Normaltür, deren Knalleffekt nicht weniger beliebt ist.

Schnecken

Ein schneckenhaftes Fortbewegen haben immer die anderen, die ja eigentlich eine Spur schneller fahren könnten, nicht aus dem Weg gehen, ausgerechnet jetzt und überhaupt: Wieso müssen die eigentlich immer dann fahren, wenn ich auch unterwegs bin? Außerdem, mit ihren Wohnungen auf dem Rücken oder angehängt, haben sie ja mit Schnecken durchaus Ähnlichkeit. Ich dagegen, ich bin ja ... Camper. Ääh. Ach, so. Ich gehöre ja auch dazu. Hmm. Gut. Schnecken rasen ja nicht, sie reisen. Sie reisen vernünftiger, leben gesund (viel Salat) und sind überhaupt gar nicht so unintelligent. Eigentlich ganz sympathisch, diese Schnecken.

Schwamm und Seife

Jedem Camper bestens vertraute Utensilien, die besonders am Samstagvormittag oft bis zum Exzess benutzt werden. Gerüchte, wonach jemand schon die Aluhaut seines Wohnwagens durchgeschrubbt haben soll, konnten nicht bestätigt werden.

Schiebetür

NICHT SCHREIEN UND JETZT GAANZ LANGSAM UND LEISE ZUMACHEN !!!

Schwerkraft

Nach jeder Pause werden Reisemobil-Benutzer an die unerbittlichen Gesetze der Schwerkraft erinnert. Die Bewohner haben zwar alles weggeräumt, was irgendwie runterfallen oder umkippen könnte. Doch es gilt die Regel: Irgend etwas verabschiedet sich immer mit Geklirre, wenn der Wagen anfährt.

Segeln

Ist die teuerste Art, unbequem zu leben. Camping ist die preisgünstigste Art, bequem zu leben – sagen die Camper.

Spannleinen

Kleine, unscheinbare und wichtige Ausrüstungsgegenstände für Wohnmobilisten mit Vorzelt. Das Fehlen der Spannleinen sowie das Bemerken des Verlustes kurz vor Erreichen des Urlaubszieles (siehe auch „Aufstellstangen“) führt im günstigsten Fall zu einer kurzzeitigen Verstimmung unter den Mitfahrern, schlimmstenfalls müssen die Spannleinen als Grund für eine Scheidung herhalten.

Spinne

Sechsbeiniges Tier, das sehr nützlich ist, weil es Fliegen frisst (siehe Insekten). Trotzdem mag die Spinne keine(r).

Standheizung

Unentbehrliches Ausrüstungsstück bei Wohnmobilen, das für Wintercamping (siehe dort) eingesetzt werden soll. Es gibt verschiedene Arten von Standheizungen: Solche, die mit Petroleum betrieben werden (stinken und rußen), solche, die mit Benzin oder Diesel betrieben werden (stinken, rußen und explodieren gelegentlich) und solche, die in Form eines Lagerfeuers nur außerhalb des Wohnmobils betrieben werden dürfen (stinken und rauchen, rußen jedoch nicht, heizen aber auch nicht). Camper, die das Geld für den Einbau

Stauraum

einer Standheizung in ihr Wohnmobil sparen wollen, haben ein Geheimrezept: Sie fahren nur zu zweit zum Wintercamping!

Stauklappen

Stauklappen nennt man das Mundwerk der Autofahrer, die in einem Stau stehen, sich aufregen und alles besser wissen. Selbst dann, wenn sie selbst einen Stau verursachen, sind immer die anderen schuld.

Stauraum

1. In der Sommerzeit treten häufig sehr große Stauräume auf, die auch gerne und intensiv von vielen Urlaubern genutzt werden: die Autobahnen in die Feriengebiete, Autobahnabschnitte, die überdurchschnittlich oft im Radio genannt werden und zum Aufstauen von Verkehrslawinen dienen.
2. Raum im Auto, Wohnwagen oder Wohnmobil, der zum Zustopfen mit Plastiktaschen, Decken, Kochgeschirr und dem Zweitschlüssel (siehe dort) gedacht ist. Sein Rauminhalt wird in Litern angegeben und gemessen, indem man genormte Kugeln hineinschüttet und die Zahl der Kugeln angibt, die in dem Stauraum bequem Platz finden. Da Koffer, Taschen und Kisten selten rund sind, stimmen Kugel-Theorie und Taschen-Praxis nicht überein.
3. Raum (mit meist nassem Fußboden) vor der Dusche am Campingplatz, an dem sich morgens, frierend und noch ein wenig mufflig-verschlafen, die Duschwilligen stauen.

Steilwandzelt

Besonders robustes Vorzelt, das sich hervorragend für den hochalpinen Einsatz sowie als Vorzelt für „Eiger-Nordwand-Wohnwagen“ eignet.

Stoppschild

Verkehrszeichen, an dem sowohl Auflaufbremse als auch Scheibenbremse (siehe jeweils dort) voll zu ihrem Einsatz kommen.

WETT-
QUOTEN
BIER EIS
WÜRSTCH..

Streit

Lautstarke Auseinandersetzung, die sich bei nichtbeteiligten Campingplatzgästen außerordentlicher Beliebtheit erfreut. Die Zuhörer bekommen ein wahres Stück geboten, mit meist neuen Schimpfwörtern, unzensiert und wie im richtigen Leben, für das sie keine Extra-Gebühren (siehe auch „Piraten“) zu zahlen brauchen. Hier kommt leider viel zu oft ein Nachteil der Wohnwagen und Reisemobile gegenüber den Zelten zum Tragen: Bei Wohnwagen und Reisemobilen schließen Türen und Fenster manchmal so dicht, dass man den Verlauf des Streits nicht immer lückenlos verfolgen kann: Leider endet die Information dann, wenn es interessant wird, weil die Akteure sich zum Austausch von pikanten und höchst hintergründigen Details aus dem Privatleben ins Innere ihrer Behausung verziehen.

Supermarkt

Größerer Laden am Campingplatz, der alles Überlebensnotwendige bietet. Seinen Namen hat er von seinen Preisen; die sind super – aber nur für den Ladeninhaber.

Surfbrett

Beliebte Dachlast auf Autos, die allen Überholern und Entgegenkommenden signalisiert: Platz gemacht, ihr Touristen, hier kommen wir Aktiven. Im Winter wird das Surfbrett auf dem Dach gegen Skier ausgetauscht.

Tankkontrolle

Die Tankkontrolle vermittelt das Wissen um den Füllungsstand des Frischwasser- und Abwassertanks. Alte Camping-Hasen kennen noch den Spruch: „Wenn der Abwassertank voll ist, muss der Frischwassertank leer sein.“

Auch Zöllner kennen das Wort, meinen aber damit etwas anderes. Sie kontrollieren den Inhalt des Kraftstofftanks. Vorsicht bei der Einreise von der See her (über Ostfriesland) sowie über Österreich! Manche Beamten dort benutzen zur Sichtkontrolle ein Streichholz,

Technischer Fortschritt

mit dem sie in den zu kontrollierenden Tank hineinleuchten. Ein Tipp: Diese Beamten sind gut von ihren Kollegen zu unterscheiden: Es sind die mit den rußgeschwärzten Gesichtern und der angesengten Frisur.

Tankstelle

Getarnte Außenstelle des Finanzamtes.

Technischer Fortschritt

Es gibt den technischen Fortschritt bei Reisemobilen genauso wie bei normalen Autos: Sie alle fahren, rußen und stinken nach dem gleichen Prinzip wie vor 100 Jahren. Ausstattungsdetails, die heute so mancher Hersteller rühmt, hatte schon der Küchenzug-Wagen des Deutschen Kaisers: Stehhöhe, Klappsitze und Ventilationsfenster.

Tiefgang

Begriff, der jenen geistigen und körperlichen Zustand eines Menschen bezeichnet, der viel zu lange in einer gemütlichen Campingplatzbar gesessen hat.

Tierfreunde

Eingefleischte Camper und Wohnmobilisten sind ausgesprochene Tierfreunde. Das erkennt man daran, dass sie viele ihrer täglichen Aktivitäten mit den lieben Kreaturen in Verbindung bringen. Das beginnt schon morgens, wenn sie sich hundemüde zur Katzenwäsche schleppen und dort den Nachbarn begrüßen, der wie ein Puma stinkt. Anschließend rackern sie wie die Ochsen, um im mobilen Heim Ordnung zu schaffen. Ist das erledigt, werden sie mittags zum Vielfraß und schlafen anschließend wie die Bären.

Touristen

Reisende, die man leichter melken kann als Kühe.

Tierfreund

Trabant

(Kurzform: Trabbi), Plastikauto, das sich wegen seines geringen Gewichts und seiner kompakten Ausmaße hervorragend als Dachgepäckstück auf modernen Caravans verstauen lässt, um im Urlaubsort als Einkaufswagen benutzt zu werden.

Treibstofftank

Wichtiges Ausrüstungsutensil, das besondere Aufmerksamkeit verlangt. Fällt im Wohnmobil die Standheizung beim Wintercamping aus, weil der Treibstofftank leer ist, so erlebt der Camper hautnah, wie sich ein Jogurt im Kühlschrank fühlt.

Trommelbremse

1. Gut verschließbare Kiste, in der die Trommel des Jüngsten aufbewahrt wird, wenn Eltern und Nachbarn mal ihre Ruhe haben wollen.
2. Besondere Regenrinne an Wohnwagen und Reisemobilen, die das Trommeln des Regens an die Scheiben verhindert, zumindest aber dämpft (siehe auch „Scheibenbremse").

Türe-öffne-dich-Spiel

Beliebtes Spiel bei Kindern, die nicht wissen, ob sie herein oder hinaus wollen und die deshalb – um nichts zu versäumen – vorzugsweise im Winter in der geöffneten Tür stehen bleiben. Im Gegensatz dazu steht das Sesam-öffne-dich-Spiel der Erwachsenen. In diesem Fall ist der Eingang meist verschlossen, die Erwachsenen wissen aber ganz genau, was sie wollen: hinein.

Turmluke

Abnehmbares Dachfenster, nach Meinung von Laien dafür gedacht, Licht und Luft in das Innere des Campers zu lassen. In der Praxis hat die Turmluke andere Funktionen:
1. Sie trainiert das Gedächtnis. Kein Camper darf jemals vergessen, das über Nacht ausgehängte Dachfenster vor der Weiterfahrt wieder einzuhängen.

TÜV

2. Sie dient dazu, die Orientierung wiederzufinden. Ein auch im Segeln erfahrener Camper kann, wenn der Fahrtwind ihm seine Karten durch das offene Fenster gesaugt hat, seinen Kopf aus dem Dachfenster stecken und mit einem Sextanten und Sternkarten seine Position ermitteln.

3. Die Luke ist unentbehrlich zur vorsichtigen Kontaktaufnahme nach draußen und zum Peilen der Lage. Zum Beispiel, wenn eine neugierige Schulklasse oder eine ebenso neugierige Schafherde den Camper umzingelt haben.

TÜV

Nein, TÜV heißt nicht „tyrannisiert übermäßig viele", auch nicht „technisch überholter Verein". TÜV heißt schlicht und einfach „technisches Überdruck-Ventil", wobei wir uns fragen, wieso Überdruck-Ventil nicht technisch sein sollte. Camper fragen sich, wie ein Überdruck-Ventil alle zwei Jahre die Wohnmobile untersuchen kann. Aber die Welt ist ja voller Geheimnisse ...

Übergewicht

Unzulässig erhöhte Masse des Gespanns, welche der Polizei Gelegenheit gibt, die Geldbörse des Fahrers um eine physikalisch geringe, aber finanziell spürbare Masse zu erleichtern. Trotz des schmerzhaften Entzugs ändert sich die Gesamtmasse des Gespanns kaum (siehe „Zulässiges Gesamtgewicht", „Achslast" und „Fahrzeugwaage").

Übernachtungsplatz

Bei der Suche nach einem Übernachtungsplatz mit dem Wohnmobil gelten zwei Regeln:

1. Geeignete Plätze werden umso seltener, je stärker die Dämmerung einbricht und je leerer der Tank wird.

2. Findet man trotzdem in der Dunkelheit ein geeignetes Fleckchen, dann entpuppt sich dieser Platz am nächsten Morgen garantiert als Fabrikeinfahrt oder, noch schlimmer, als Schul- oder Friedhof.

Übernachtungsplatz

Uferplatz

Ein an einem idyllischen Flussufer gelegener Übernachtungsplatz. Sehr weit verbreitet sind die Plätze an Rhein, Main und Mosel. Sie eignen sich aber in erster Linie für Wohnmobilisten, die ihr Gefährt schnell wieder entfernen können. Caravaner, die sich einen derartigen Platz für ihr Dauercamping ausgesucht haben, müssen nämlich zu jeder Jahreszeit mit einem verspäteten Frühjahrshochwasser oder einer verfrühten Herbstüberschwemmung rechnen.

Umleitung

Die beste Chance, endlich mal die eigene Stadt kennen zu lernen.

Verdunklungsrollos

Praktische Vorrichtung an den Fenstern, die Neugierigen den Blick ins Innere des Reisemobils oder Wohnwagens – auch am Tage – verwehren. Wenn sich zwei Menschen intensiver als gewöhnlich mit sich beschäftigen wollen, empfiehlt es sich, vor dem Rückzug ins Wageninnere die Kurbelstützen auszufahren (siehe dort).

Verein

Zweite Heimat eines jeden Campers. Gegner dieser Vereine behaupten, es sei deswegen schon zu Ehescheidungen gekommen. Das stimmt aber nicht. Ein richtiger Camper lässt sich nicht von seinem Verein scheiden.

4 x 4

Keine Angst, das ist keine Rechenaufgabe. 4 x 4 heißt, dass von vier Rädern alle viere angetrieben sind. 4 x 4 heißt aber auch, dass sich die Kosten um das Vierfache erhöhen, wenn man Pech hat, um das 4 x 4-fache. Hinweise dazu geben die Autohersteller selbst –

Verein
...MÖCHTE ICH ZUM ABSCHLUß UNSERER JAHRESHAUPTVERSAMMLUNG UNSER VEREINSLIED ANSTIMMEN – RÄUSPER –
HÄNSCHEN KLEIN GING ALLEIN IN DIE WEITE WELT...
VEREINSHEIM

mit den Bezeichnungen für Allradgetriebene: Beim Quattro quadrieren sich die Kosten, während sie sich beim Synchro synchronisieren (womit bleibt geheim).

Vierenschläfer

Nein, hier schläft keiner auf allen Vieren. So nennt ein Reisemobilhersteller sein Produkt, in dem – nach seinen Angaben – vier Leute gleichzeitig schlafen können, ohne dass am Morgen einer von ihnen auf allen Vieren kriecht. Die Natur kennt den Vierenschläfer nicht, dafür aber den Siebenschläfer.

vignettenfrei

Zauberwort, das die meisten Camper hinter dem Gasofen hervorlockt. Eine vignettenfreie Strecke (bei den lieben europäischen Nachbarn mittlerweile sehr selten) darf kostenlos benutzt werden. Auf zu neuen Taten!

Vorzelt

Nur Uneingeweihte vermuten in einem Vorzelt ein Zelt, das man vor einem Wohnwagen aufspannt, damit es dessen bewohnbare Fläche vergrößert. Ein Vorzelt hat eine viel wichtigere Funktion: Es ist das jeweils erste Zelt an einem neu errichteten Übernachtungsplatz. Mit ihm wird die Tauglichkeit eines Platzes getestet, bevor die ersten Gäste mit ihren Zelten kommen.

Wachhund

Vierbeiner, der beim Übernachten in einsamer Gegend eventuelle dunkle Gestalten vom Wohnmobil und seinen Bewohnern abwehren soll. Soweit die Theorie. Und nun zur Praxis: Der Wachhund hört draußen im Dunkeln unbekannte Geräusche, er erschnüffelt das eine oder andere Lebewesen, oder er sieht den Mond, den er anbellen muss, weil das die Hunde-Tradition so fordert. Aus den verschiedensten Gründen meldet sich also der

Wachhund
WAUWAUUUU...
WAUUUU
KLÄFF
KLÄFF
WAA
WAUUUU
WAUWAU
WAUWAUU
WAUUUU
KLÄFF
OUUUU
WAU
WAU

Wachhund nachts im Schnitt jede Viertelstunde und gibt kräftig Laut – der Wachhund hält wach (siehe auch „Bulli“).

Wackelohren

Unschönes Wort für Zusatz-Außenspiegel. Mit den Außenspiegeln hört der Autofahrer, wenn er sich beim Überholen zu nah an das andere Fahrzeug herangewagt hat. Die Wackelohren machen dann zuerst ein schrappendes Geräusch und verabschieden sich kurz darauf mit einem knallenden Gruß gegen das Außenblech (siehe auch „Hirschgeweih“). Wenn der Autofahrer Pech hat, bekommt er anschließend – besonders in südlichen Ländern – vom Fahrer des anderen Autos die Ohren langgezogen.

Warmwasser

Für manche Campingplatz-Betreiber muss warmes Wasser etwas ganz Besonderes sein: Sie verlangen dafür ein paar Mark extra – was manche Campingplatz-Nutzer zum Erhitzen bringt, den Betreiber aber meist kalt lässt. Wie lange er kühl über die Beschwerden hinweggeht, bestimmen die Camper: Das lässt ihn nur so lange kalt, bis sich die Camper für seinen Platz nicht mehr erwärmen können und ihn eiskalt links liegen lassen.

Wartburg

Neben dem ehemals in der „Deutschen Demokratischen Republik“ gebauten Trabant (siehe dort) ist der Wartburg weltweit der einzige in Serie hergestellte Pkw, der auf dem Brennerpass noch langsamer ist als ein 30-PS-Käfer mit Wohnanhänger.

Wasserschlauch

Wichtiges Werkzeug zum Waschen des Wohnwagens und zum Vertreiben fremder Straßenköter, die den Campern hartnäckig die Bratwürste in der Pfanne streitig machen wollen.

Warmwasser

Wasserwaage

Neben dem Kocher das wichtigste Instrument aller Camper, das sie beim Aufstellen regelmäßig zur Verzweiflung treibt. Das rollende Eigenheim muss nämlich gerade stehen, damit der Kühlschrank funktioniert. Gleichzeitig muss es etwas schief stehen, damit das Wasser aus der Duschwanne abfließt ... Diesen Widerspruch versucht der Einwinker zu lösen (siehe dort).

Weckdienst

Service, den die Polizei bei einsam stehenden oder bei besonders bunt angemalten Reisemobilen gerne freiwillig und dazu noch kostenlos übernimmt. Die Beamten kommen bevorzugt im Morgengrauen und bringen bei den verschlafenen Bewohnern die Hirnwindungen auf Trab, indem sie sie ihre Ausweise suchen lassen. Die uniformierten Staatsdiener lassen sich gerne Warndreieck und Verbandskasten zeigen, was die Geweckten auch körperlich in Bewegung bringt. Und sie sind nett: Sie wünschen immer einen guten Morgen und verabschieden sich mit ebenso freundlichen Worten: „Auf Wiedersehen, alles Weitere werden Sie dann mit der Post bekommen."

Weltempfänger

Radiogerät, mit dem man (fast) auf jedem Punkt der Erde deutsche Sender empfangen kann. Wird besonders gern von den Leuten benutzt, die sich auch im hintersten Orient über das Gezanke deutscher Politiker und die Staus auf der A 81 zwischen Leonberg und Stuttgart-Zuffenhausen informieren wollen (siehe auch „Autoradio").

Werkstatt

Jedem Wohnwagenbesitzer bluten Herz und Portmonnee, wenn sein geliebtes Hängerchen in die Werkstatt muss. Der Grund liegt klar auf der Hand: Die Vorfahren der Werkstattbesitzer hatten sich als Wegelagerer ihr Brot verdient, indem sie ahnungslose Kutscher mit falschen Beschilderungen in Wirtshäuser schickten, sie betrunken machten

FAHR SCHNELLER! DIE HOLEN AUF!!!
WERK STATT

und anschließend ausraubten. Die heute lebenden Nachfahren machen es ähnlich geschickt, nur sind die falschen Schilder durch Hochglanzprospekte mit blendenden Angeboten für kurze Reparaturzeiten und Reparaturkosten ersetzt worden.

Winnebago

See in Mittel-Wisconsin/USA, der den Erbauer von Super-Linern so beeindruckt haben muss, dass er seine Serie gleich nach dem Gewässer benannte.

Wintercamping

(Siehe auch „Dauercamper") Die Fortsetzung einer ganz angenehmen sommerlichen Freizeitgestaltung mit anderen Mitteln.

Winterdreck

Schmutzschicht, die der ehemals weißen Außenhaut des rollenden Heimes einen Grauschimmer verleiht. Eine Camping-Fachzeitschrift kennt den Weg zurück zum ursprünglichen Weiß. Sie empfiehlt: „Mit Waschen rückt man dem Winterdreck zu Leibe." Man lernt doch nie aus.

Wintergardinen

Wintercamper behaupten, Wintergardinen würden verhindern, dass Kälte durch die Fenster ins Wageninnere kommt. Winterhasser dagegen sagen, die Gardinen würden nur vor die Fenster gezogen, damit die Camper im Wagen nicht so deutlich den schrecklichen Schnee draußen sehen.

Wirtschaftsgüter, langlebige

Wohnmobil und Caravan zählen dann zu den langlebigen Wirtschaftsgütern, wenn sich der Käufer berechtigte Hoffnungen machen kann, dass sein Gefährt noch benutzbar ist, nachdem er die letzte Rate abbezahlt hat.

STELL DIE HEIZUNG KLEINER!!
WARUM?

Winterdreck

Wochenendhäusle

Begriff aus dem Schwäbischen. Die Bewohner des Schwabenlandes meinen damit ein Reisemobil. Was Reisemobile bei den sparsamen Schwaben besonders beliebt macht: Im Gegensatz zum Wochenendhaus aus Stein braucht man beim Bau oder Erwerb eines Reisemobils kein Geld für Grund und Boden auszugeben.

Wohnanhänger

Auch Wohnfan genannter Student in einer deutschen Großstadt, der noch auf der Suche nach einer geeigneten Wohnmöglichkeit zu vernünftigen Mietpreisen ist. Da letzteres Unterfangen meist zwecklos ist, sterben die Wohnanhänger immer mehr aus. Dafür sind die Wohnmobile (siehe dort) sehr stark im Kommen.

Wohnfläche

Theoretische Größe, die übrig bleibt, wenn man von der Grundfläche eines Caravans, Wohnmobils oder Wohnwagens die Flächen abzieht, die für die Küche, Alkoven (siehe dort), Fahrerhaus, Nasszelle, Motorraum, Kleiderschrank, Spielzeugablage und Kosmetikköfferchen-Ablage benötigt werden. In der Praxis ist die Wohnfläche ein Wert, der – mathematisch ausgedrückt – gegen null läuft.

Wohnmobil

Ein Wohnmobil ist im Gegensatz zum Wohnanhänger ein Student in einer deutschen Großstadt, der es aufgegeben hat, eine vernünftige Bleibe zu einem vernünftigen Preis zu suchen. Ein Wohnmobil ist – nomen est omen – ein studierender Mensch, der ausgesprochene Mobilität beweist. Sommers findet er seine Wohnstatt unter Eisenbahnbrücken und schläft auf Parkbänken, im Winter ist er nachts in Kneipen unterwegs und schläft tagsüber in den Vorlesungssälen.

Wohnfläche

ICH SAGE IMMER: WO NEUN URLAUB MACHEN, KÖNNEN AUCH ZEHN URLAUB MACHEN!!!
JA, VATI!!

Zählerkasten

(Siehe „Netzkabel“.) Wird auf der Autobahnfahrt oft mit einem defekten Auspuff verwechselt, weil er – am Netzkabel hängend – ähnlich klappernde Geräusche von sich gibt wie das Abgas spuckende Autoteil.

Zehn-Meter-Caravan

Zehn-Meter-Caravans werden von den intoleranten Autofahrern als GAHADA (größtes anzunehmendes Hindernis auf der Autobahn) bezeichnet. Aber wie soll man sonst seine mobile Zweitwohnung von seinem Winterstellplatz in Wanne-Eickel an die Adria bringen, wenn nicht über die Brenner-Autobahn? Und da die Anschaffungskosten für den Wohnwagen so hoch sind, bleibt halt nur noch genügend Geld übrig für einen Trabant als Zugfahrzeug.

Zubehör

1. Alles, was der Wohnwagen- oder Wohnmobilhersteller nicht in den Wagen getan hat, was man aber trotzdem braucht.
2. Alles, was man gegen Aufpreis beim Neukauf des Gefährts haben könnte, aber bei der Konkurrenz billiger bekommen kann.

Zubehör, unsinniges

Alles, was Mann gerne zum Spielen haben möchte, was Frau aber als ganz und gar unnötig bezeichnet. Notverfahren: heimlich kaufen und dann eine gute Ausrede benutzen.

Zugwagen

Willkommene Begründung für den Campingfreund, sich ein zu großes, zu teures und zu starkes Auto zuzulegen.

Zugwagen

Zulässiges Gesamtgewicht

Begriff, der nur theoretisch interessiert. In der Praxis werden Wohnwagen und Reisemobile nach dem Motto beladen: „Solange die Tür noch ordentlich schließt, kann die Kiste nicht zu voll sein."

Zweitschlüssel

Das, was bevorzugt und mit wachsendem Unmut gesucht wird, wenn der Erstschlüssel verloren gegangen ist. Der Zweitschlüssel ist so gut am oder im Wohnmobil versteckt, dass Diebe ihn nicht finden – berechtigte Besitzer allerdings auch nicht allzu oft. Das nötigt die Ausgeschlossenen, einen Drittschlüssel anfertigen zu lassen. Psychologen nennen diesen Vorgang Schlüsselerlebnis.

Zweitwohnung

Unklarer Begriff aus der Papierwelt der Finanzbeamten. Sie wenden ihn mal so an, mal so: Einige von ihnen versuchen, bei den Campern für die „Zweitwohnung" Steuern zu kassieren, ihre Kollegen aus dem jeweils anderen Landkreis erkennen dagegen Ausgaben für „doppelte Haushaltsführung" nicht an.

Zwo CV

Die Citroën-2CV-Kasten-Ente ist der fahrende Beweis dafür, dass es kein Auto gibt, welches zu klein für den Umbau zu einem Wohnmobil ist.

Die Fröhlichen Wörterbücher – immer am Puls der Zeit mit tollen Titeln.

Ski fahren

Das offizielle Wörterbuch, das echte Schneekönige zum Schmelzen bringt.

ISBN 3-8231-1060-8

Snowboarding

Dieses ultimative Snowboarding-Standardwerk nimmt auch dem letzten Zweifler das Brett vorm Kopf weg.

ISBN 3-8231-1044-6

Jeder Band hat 96 Seiten mit 46 ganzseitigen, farbigen Karikaturen,
Format 21 x 21 cm, lam. Pp.;
DM 19,80/öS 145,-/sFr 18,50
€10,12

ISBN 3-8231- 1028-4

ISBN 3-8231-0189-7

ISBN 3-8231- 0166-8

ISBN 3-8231-0185-4